novum pro

AF195242

Barbara Reer-Gröning

Die Tragikomik des Lebens
Das Leben ist (k)ein Gedicht

Brutale Wirklichkeit und romantische
Gefühle geben diesem Buch Erlebnisstoff

novum pro

www.novumverlag.com

Bibliografische Information der Deutschen Nationalbibliothek:

Die Deutsche Nationalbibliothek verzeichnet diese Publikation in der Deutschen Nationalbibliografie. Detaillierte bibliografische Daten sind im Internet über http://www.d-nb.de abrufbar.

Alle Rechte der Verbreitung, auch durch Film, Funk und Fernsehen, fotomechanische Wiedergabe, Tonträger, elektronische Datenträger und auszugsweisen Nachdruck, sind vorbehalten.

© 2016 novum Verlag

ISBN 978-3-95840-153-2
Lektorat: Christine Schranz
Umschlagfoto: Barbara Reer-Gröning
Umschlaggestaltung, Layout & Satz: novum Verlag
Innenabbildungen:
Barbara Reer-Gröning (10)

Gedruckt in der Europäischen Union auf umweltfreundlichem, chlor- und säurefrei gebleichtem Papier.

www.novumverlag.com

Inhaltsverzeichnis

Letzter Weg	7
Menschen	8
Am Feierabend unserer Welt	10
Die letzte Rose	14
Flüchtlingskind	15
Labyrinth der verlorenen Eitelkeit	18
So könnte es gewesen sein	19
Labyrinth auf dem Meeresgrund	21
Der Schöpfungsbericht, aus neuer Perspektive	23
Sehnsucht	25
Pablo	26
Alles anders	28
Unvollendet	29
Erste Meditation	30
Gärtner Green	31
Die Gärtnerin	32
Campingplatz-Bekanntschaft	34
Der Löwenzahn	35
Verführung einer alten Dame	36
Marie der vier Herzen	37
Da kommt die Schöne	39
Gruß von Korsakow	41
Die Angst vor dem weißen Blatt	42
Der Schleier lüftet sich	43
Die rote Stadt	44
Morgens	46
Mauerblümchen	47
Suche	48
Montagsliebe	50
Wiegenlied	53
Langer Traum	54

Letzter Weg

Am Straßenrand lagen zwei ausgediente Schuh, die fühlten sich
viel zu jung für die letzte Ruh. Sie hatten noch Feuer unterm
Lederhintern und wollten so gern am Meer überwintern.
Zwar waren sie ausgelatscht und höchst unbequem,
ihre Form aber modisch und gut anzusehen.
Trotz Regen, Schnee und Wind
montierten sie geschwind Räder ans Leder,
das Lenkrad mit ner Feder.
Als Dach diente eine Mütze gegen Kälte und Hitze.
Sie küssten einander, starteten bei Nacht und Nebel
bis zum nächsten Gulli, da lag ein Hebel.
Der stoppte sie mitleidlos, gab keine Ruh,
ließ nur Kröten passieren, doch niemals einen Schuh.
Sie riefen laut: „Hier ist das Ende der Reise,
dann leben wir eben auf andere Weise!"
Sie rissen einander vom Kopf ihre Mützen
und sprangen in eine der schmutzigen Pfützen.
Sie waren unterm Eis im Winter verschwunden,
haben keinen Fuß mehr gedrückt und
die Haut nicht geschunden.
Die Pfütze hatte wohl einen Boden aus Teer,
dort überwinterten sie fast so schön wie am Meer.
Das Wetter im Frühling brachte es an den Tag,
was eine Freiluft-Saison so alles vermag:
Das Leder war mürbe, faltig und verschlissen.
Sie wurden in einen Container geschmissen
und reisten bequem mit dem Schiff bis Santander.
So kamen sie doch noch ans heißgeliebte Meer.
Sie taten sich mit Meeresluft vollsaugen,
die Verjüngungskur sorgt für neue Hühneraugen.

Menschen

Gefüllt mit Menschenbildern bin ich
verpuppt wie eine Raupe,
vielleicht auch ein fliegender Schmetterling,
der nicht weiß, was er sucht.
Gesichter trage ich in meinem Herzen,
lachende, weinende und erstarrte.
Sie verschwimmen im Nebel meiner Augen
und lösen sich auf
im Duftrausch kindlicher Erinnerung.

Am Feierabend unserer Welt

„Noch 10 Rupien!",
ruft der Dabba walla mit geöffneter Hand,
ich gebe ihm 20 fürs Trinkgeld und Dosenpfand.
Das Wasser schmeckt trotz Sektkelch nach Lehm und Sand,
es ist gefüllt bis an den fleckigen Rand.

Heute treff ich einen guten alten Freund,
hab vor Stress den Termin fast versäumt.
Ich schau auf die Uhr, muss zum Flieger gehen.
Zweitausendundvierzig, neun Uhr zehn.
Langer Flug Richtung Neu-Delhi,
der Whiskey schmeckt schal,
der Blick auf den Ganges –
nur noch ein Rinnsal.

Die Stadt selbst – von den Bewohnern
auch „Logos" genannt –
ist als „eigenartige Schöne" den Künstlern bekannt.
Geheime Worte, in Lehm gebrannt,
versteinerte Botschaft, deren Entzifferung gelang.
Jantar Matar, Sternwarte mit Sonnenuhren,
ein Mysterium auf seltsamen Schattenspuren.
Universale Probleme liegen auf der Hand,
dieses Symposium als verbindendes Band.

Am Stadtrand wartet Toni, mein alter Freund,
schleppt seine Kamera, urlaubsgebräunt.
Er hat für die unzähligen Probleme der Welt
viel Gespür, aber zu wenig verdientes Geld.
Den Rucksack trägt er voller Ideen und Bier,
lebt glücklich im schäbigen Jetzt und Hier.
Toni fragt: „Hast Du den Antrag schon gestellt,
für den versuchsweisen Trip zur Neuen Welt?"

Kurze Zeit später, wir trinken grad unser Bier,
fliegt man uns ins Touristen-Quartier.
Gemeißeltes Schild auf gelbem Sand,
„Spare-time for the earth?" hängt an einer Wand.
Hier soll er stattfinden, der Gedankenaustausch,
wichtige Personen im Ideenrausch,
sogar die Religionen sind allesamt vertreten,
wenn auch zum Teil mit personellen Nöten,
wollen das bisherige Weltbild verteidigen,
mit Predigten, Gesang und Blumenreigen

Politische Gäste aus der 1. Welt
treffen sich im Brahmanen-Zelt,
bekommen, falls anwesend, ein Taschengeld.
Zum Empfang gibt es Reis, nach dem kein Hund bellt,
für die Damen einen Trockenstrauß vom Blumenfeld.

Toni und ich mischen uns unter die Gruppen,
zur Eröffnung gibt's Salat und gekühlte Krill-Suppen.
Wir lauschen mal hier, wir horchen mal dort,
fotografieren, interviewen in einem fort.
Paradiesvögel sind uns dabei die Liebsten,
lassen sich gehen bis zu den Zehenspitzen
und wollen beim genüsslich-moralischen „Singen"
nicht zum harten Kern der Dinge vordringen.
Sie lieben mehr das Schwadronieren,
um später die „bunten Blätter" zu zieren.

Einer der Herren, ein Etymologe,
trägt einen Papier-Anzug als Herbst-Garderobe.
„Logos" darauf gedruckt, frei interpretiert:
der Beginn der Sprache, von Gott inszeniert,
damit der Mensch sich verständigt und nicht demoliert.

Vor dem Gebäude: Händler mit duftendem Fett,
auf den Köpfen thront artistisch ein schweres Brett
bepackt mit Dosen voll feinstem Gebäck.
Beim Gedanken an die Traglast
bekommt man 'nen Schreck.

Streunende Hunde mit triefenden Augen
fletschen die Zähne, wollen Reste abstauben.
Über der gesamten Szenerie
traumhaftes Licht, gleißend wie nie.
Auch schwebt der betörende Duft
indischer Kräuter in der Luft.
So vermischen sich auf fremde Art und Weise
Heilpflanzen und Mittagsspeise.

Dann, am späten Nachmittag,
ruft der erste Redner: „Bitte zum Vortrag!"

Und an uns Reporter gerichtet:
„Außer Ihnen wurde bisher keine Presse gesichtet.
Öffentliche Statements, das müssen Sie verstehen,
sind zu diesem Zeitpunkt ungern gehen." Allgemeines
Gelächter der beschwipsten Machtvertreter.
Ob dies das letzte Welt-Symposium für uns war?
Ich glaube – ja!

Feierabend!!!!!!!!!!!

Die letzte Rose

Du lagst auf unserem gemeinsamen Grab
man hat dich abgeräumt
du warst noch nicht verblüht,
an deiner Stelle
grinst mich eine halbe Praline
fettig an;
ich habe sie probiert –
geschmacklos

Flüchtlingskind

Gestopfte Ärmel über zarten Kinderhänden,
verblichene Hosenbeine bergen kleine Knie.
Schnürstiefel geben keinen Halt, nie wieder –
ich bin ein Flüchtlingskind, wie sie.
Wir hatten auch ein Haus mit Garten.
Im Frühjahr blüht der Flieder duftig süß,
Verluste wiegen schweigend, Briefe müssen warten.
Postboten können nicht zum Himmel fliegen.
Die Schultüte mit roten Punkten
versöhnt nicht mit der rauen Welt,
Griffel fahren kratzend über Schiefertafeln,
nur keine Schläge mit dem Rohrstock,
Gebete unter dem Sternenzelt.
Sozialer Wohnungsbau mit Roggen-Mume,
am Stadtrand, Geistersiedlung noch,
spielt eine Gruppe Krieg mit Messern und Pistolen,
Baracken für die Alten gab es doch.
Mein Schulweg führt vorbei an wilden Gärten,
vor offenen Türen stehen sie, dunkel ist es darin,
der Kaufladen gleich hinter dem alten Bahnhof,
Groschen und Pfennige, gefunden als Gewinn.

Bisher hab ich doch nur gelitten,
geliebt hat mich noch keiner hier.
Danach vergaß ich manche guten Sitten,
vertraute auf mein Karma, glaubte Dir.
Das alte Steinbruchhaus, es schweigt,
von rauen Händen ohne Plan gebaut,
metallene Ketten für das Schwein im Keller,
genug zu essen da für alle, Bier gebraut,
doch Zwangsarbeiterhände ruhten nie.
Vampir-Schloss wird mein Haus im Dorf genannt,
der Flügelschlag der Fledermäuse klatscht an das Glas.
Den Kopf schnell unterm Federbett versteckt
spüre ich den Klang der Standuhr im Genick.
Die Wangenknochen haben mich verraten:
„So sieht hier keine aus von uns."
Ich bin kein Flüchtlingskindlein mehr,
doch so wie ihr sein fällt mir schwer.

Labyrinth der verlorenen Eitelkeit

Er hat Angst vor dem automatischen Treppenhauslicht,
vor der Dunkelheit, den Stufen, der Stimme,
die immer spricht.
Er fürchtet sich vor Waffel-Zangen,
Bügeleisen und Sahne-Spritzen,
seit dem Tod der Eltern will ihn keiner mehr beschützen.

Schon lange wohnt er hier im alten Haus allein,
Bücherreihen ohne Luft und Sonnenschein.
Ab und zu spielt er mit sich selbst Verstecken
wie als Junge auf knarrenden Dielen und alten Decken.
Den Gummibaum zu gießen
ist ihm einerlei, denn die Triebe sprießen
nur im wässerigen Dünger-Brei.

Jeden Abend äugt er seine gebrauchte Zahnbürste an,
„Soll ich mir die Zähne putzen oder
poliere ich den Wasserhahn?"
Er wohnt mit seinem Stofftier Erwin im zentralen Raum.
Während er die Wand mit Bäumen bemalt,
ratzt Erwin im Gummibaum.

Irgendwann liegen sie in weichen Daunen-Kissen
im Reich von warm gewordenen Füßen.
Dort im Saal der verlorenen Eitelkeiten
kommt es schon mal zu kleineren Streitigkeiten. Mit Spielgeld
kaufen sie sich Waffel-Zangen und Sahne-Spritzen, die ihnen
bei der Kostümierung nützen. Und dann ist es endlich
so weit: die Schau macht mal wieder die Beine breit und
findet im Labyrinth – sich selbst als Kind.

So könnte es gewesen sein
(Die Bergpredigt)

Ein fast beliebiger Tag voll Sonnenschein,
Regen und Wind,
voll Hitze, Kälte und lauen Lüften,
eher ungewöhnlich für diese Region.

Auch sieht man Wolken einander umarmen
und der Himmel küsst am Horizont das Meer,
dort, wo das Nebellabyrinth endet.
Da lacht der Welten-Richter mit gepiercten Lippen
und wirft die Tonscherbe in die Luft.

Schon taucht am Spülsaum
des Nebel-Meeres eine verloren geglaubte
Schriftrolle auf, die mit dem Wort „Bergpredigt" beginnt.

Sie schaukelt im seichten Wasser in Richtung des Berges,
wo er zu den Jüngern sprechen will.
Der Lichtnebel jongliert spielerisch
in der letzten Abenddämmerung
mit den Toren und Türmen der Stadt
und bildet ein Ornament,
das an filigraner Zartheit nicht zu überbieten ist.
Währenddessen erklimmt er den Berg leichtfüßig.

Durch das noch nicht erfundene Fernglas
beobachtet er die ihm folgende
Menschenmasse und hört die entzückten Rufe in der Ferne.
In diesem Moment fällt die Tonscherbe
polternd auf die Schriftrolle.
Da hebt er winkend die Arme und beginnt zu sprechen:

„Meine lieben Jünger, Ihr seht ja, wie viel es zu tun gibt.
Allein schon die Renovierung des Nebel-Labyrinths wird
zeitlich Jahrhunderte in Anspruch nehmen, und Eure
Kinder und Kindeskinder werden die Bauarbeiten jedes Mal
für ein Unwetter halten. Aber das macht nichts,
dafür wird die Welt beschenkt."

Labyrinth auf dem Meeresgrund

Pottwale können singen, Flossen berühren, küssen.
Ich wandere auf purpurnen Korallen-Pfaden und suche die letzte Meerjungfrau.
Gut, dass ich Fischfutter und Luxusparfum eingepackt habe.

Der Schöpfungsbericht, aus neuer Perspektive

Adam läuft, wie jeden Morgen,
kreuz und quer durchs Paradies,
alle Vögel zwitschern, singen
und das Wetter ist auch mies.
Irgendwann, an einer Pfütze
rutscht er barfuß aus,
sieht sein Spiegelbild im Wasser
und denkt: „Ei der Daus!"
„Ist das wohl ein Engel, oder eher ein Matrose,
auszuschließen lässt sich auch nicht,
ich bin's selbst, ohne Hemd und Hose."

Da kommt Gott der Herr des Weges,
gehüllt in einen Mantel.
„Oh, der Junge braucht was Starkes,
eine Eva mit ‚ner Hantel.
Aber trotzdem lieb und fein
muss seine Gefährtin sein."
Und schon wird aus Adams Rippe
eine richtige Xanthippe.
Adam findet Eva reizend,
ihre Haut ist braun wie Holz,
und so macht ihn seine Rippe
zweckentfremdet riesig stolz.
Die Mahlzeiten – eintönig,
morgens, mittags, abends Obst,
doch mit diesem Frauchen würde Adam
runterwürgen jeden Toast.

Die ganze Zeit ist er von ihr beseelt
und sagt sich ständig:
„Irgendwas fehlt!"

Eva, die erste Frau und Ur-Mutter,
klein, stark behaart, mit fliehender Stirn
und vorgewölbtem Kinn,
die wulstigen Lippen leicht geöffnet und
die schroffen Augenbrauen
zusammengezogen, denkt nach.
Sie fragt sich, was das für ein Ding sein mag,
welches Adam vorne trägt.
Vielleicht ist es ein Fingerchen, und
in das Säckchen kommt der zu sammelnde
Blumensamen für das
Frühstück hinein?
Das dem nicht so ist, wissen heutzutage schon
die kleinen Kinder.
Deshalb ist jetzt auch Schluss mit dem
Schöpfungs-Gedöns.

Sehnsucht

Sehnsuchtsvoll warten
nur an dich denken
zart wie der Hauch
eines Vorhangs im Wind
fortschreitende Zeit
zerknüllt wie Papier,
still stehen und horchen
Du, ich, uns und wir.

Pablo

Wollte malen wie Picasso, dieser Junge.
Inhalierte Terpentin in seine Lunge.
Hühnerbrust, bedeckt mit bläulich-weißen Streifen
und zur Ausstellung
kommt er mit getunten Reifen.
War verrückt nach all dem Vernissage-Trubel,
seine Russland-Skizzen bot er an für wenige Rubel.
„Vielleicht ist er ja ein verkannter Maler-Gott?",
fragten sich Experten – er ertrug den Spott.
Bei einem expressionistischen Malkurs
traf er auf eine sogenannte „Neue Wilde";
schon bald war sie seine Muse – diese Hilde.
Den ganzen Tag lang saß sie still auf ihrem Hocker,
während Pablo mehr und mehr mutierte
zum Farben-Rocker.
Er warf seine Muse in die Leinwände hinein,
für ihn war das Lust, für sie eher Pein.
Eines Nachts zeugten sie das schönste Kunstwerk,
das es gibt,
ihren Sohn Pica, von allen heiß geliebt.
Seine Schrei-Anfälle hinterlassen überall
im Hause Trümmer,
von Kunst hat dieser Knabe keinen Schimmer.
Der Krisenstab wacht jede Nacht bis in die Früh,
die Muse gähnt nur noch: „Oh, Du
übel riechendes Genie!"

Alles anders

Komm, und spiele mit auf meinem Spielplatz
beim Asylantenheim, gleich hinter dem Dorfausgang.
Das Grün wächst schon seit vielen Jahren auf dem Aushub,
ein kleines Mädchen spielt im Hügelsand.
Die schwarzen Haare und die Schleifchen,
sie lässt sie fliegen bis zum Heimatland,
dort gibt es Vulkane, heiße Krater
und Lavaströme stürzen sich vom Felsenrand.
Ein Paradies voll Hügelspitzen,
zum Fahrradfahren und zum Abwärtsrutschen schön,
und einen Kellerraum zum Horten und zum Putzen,
die Küchenzeile hast du schon gesehen.
Die brauchen keinen Nutz- und Blumengarten
und ein Pastoren-Gärtchen ganz bestimmt auch nicht,
so bleibt die Kraterlandschaft wohl noch lang bestehen,
ein Schandfleck und ein Kratzer im Gesicht.
An einem kühlen Sommertag ist alles plötzlich anders.
Ein kleines Mädchen mit einem tollen IQ
überspringt alle Schulklassen im Nu,
steigt auf der Leiter des Erfolgs auf schon sehr früh,
wird später Professorin für Mathe und Chemie.
Heirat, Karriere, sozialer Glanz,
die alte Heimat, vergessen, fast ganz.
Das Asylantenheim, ein dunkler Punkt in ihrem Leben,
die Eltern haben ihr das Fernbleiben vergeben.
Nach zwanzig Jahren kehrt die Tochter heim,
im Abendrot sieht sie die Kraterlein,
und auf der Spitze eines Hügels stehend
sucht sie vergeblich nach den Alten,
doch endlich findet sie das eigene Ich.

Unvollendet

Glänzendes Kunsthaarteil
mit schwarzen Sonnenflecken
umspielt die infrarot erwärmte Stirn
auch Schattenseite des Gesichts
im luftdurchtränkten Raum

gegraben in wächserne Wangen
das unerschrockene Augenpaar
von Kajal umrandet
und mit ausgezupften Brauen
saugt es kraftvoll
der Welten Schönheit auf

der fein geschnittene Mund
ist Stütze hier und einzig Maß
fast wissend lächelt er
aus geisterhaftem Grau
der unverhüllten Maske zu
und bleibt noch stumm

gestreckte Körper schweben leicht
in weit entrückten Bahnen
durchdringen sich verschämt
und schauen schon in andere Sphären
ihr Wunsch lässt neues Glück erahnen
eh Unvollendetes nun endet.

Erste Meditation

Muffige fünfziger Jahre
schwappen wie alte Erbsensuppe
auf die noch unfertige Asphaltdecke.
Die käferartige Hütte
liegt im Planquadrat
zwischen sozialem Wohnungsbau
und dem mäandrierenden Fluss.

Dort, wo das Wehr
so flach wie eine Badewanne ist,
zappelt das silberne Neunauge
in meiner Kinderhand.
Fleischig-glatt gleitet es
ins seichte Wasser zurück.
Seine abgerissenen Spritzer
springen auf das Dach,
zusammengeschustert aus
verrotteten Zaunpfählen
und ockerfarbenen Binsen.

Ich liege mit angelegten Armen
auf dem Rücken und starre
in den zerfransten Theaterhimmel.
Voll Inbrunst verfolge ich
den Flug von Kaspers Klatsche
auf das Hinterteil von Gretel.
Die Füße in der Luft baumelnd
formen meine Lippen
ihr erstes Chakra:
„TRI; TRA; TRULLALA."

Gärtner Green

Sieh, da kommt Gärtner Green
in seinen Haaren wächst Jasmin
im Vollbart ist es sehr gemütlich
kleine Krabbler schlafen friedlich.

Eine Pflanze will nicht wachsen
Gärtner Green macht keine Faxen
LOCKERN; JÄTEN; DÜNGEN; GIESSEN
kleine Blümchen wieder sprießen.

Abends liegt der Gärtner Green
im Rosenbett der Nachbarin
sie deckt ihn zu mit Rosenblüten
er zählt die Schäfchen, muss sie hüten.

Am Ende hat er einen Traum
er lehnt am alten Fliederbaum
betörend ist der Blütenduft
Das Unkraut? – aufgelöst in Luft.

Die Gärtnerin

Sieh, da kommt des Gartens Queen
im grünen Rock, die Gärtnerin.
Ihr Haar ergießt sich als Fontäne,
drin schwimmen Lachse und auch Schwäne.
Den langen Tag bei Wind und Regen
ist sie dem Garten ganz ergeben.
Sie zupft mal hier, sie fegt mal dort,
der Blumensamen ist ihr Hort.
Ihr Zukunftswunsch, sie hat das Sagen,
sind mindestens vier Gärtner-Blagen.
Sie können alle noch nicht sprechen,
harken die Wege mit dem Rechen.
Sie zupfen hier, sie schneiden dort,
am Ende gibt es nature morte.
Wenn eines Tages der liebe Gott
sie ruft zum letzten Dienst-Rapport,
dann bittet sie um ein Stück Erde,
damit's ein Garten Eden werde.
Sie zupft mal hier, sie fegt mal dort,
Paradiesgärtchen vor der Himmelspfort'.

Campingplatz-Bekanntschaft

Du standst auf einem Campingplatz neben meinem Zelt
in deinem Blick lag die Melancholie der ganzen Welt
dein graues Fell leuchtete im Abendrot
du machtest Krach, als wärst du in Not
IA IA IA IA
Bei der Begrüßung hast du den Zaun eingetreten
du wolltest die Plätzchen unten im Korb, ganz ungebeten
ich schenkte dir eine Handvoll saftiges Gras
und einen Cake als Kostprobe, nur zum Spaß
Streicheleinheiten nahmst du huldvoll entgegen
ich wünschte dir mehr Futter und weniger Regen
tagsüber, wenn die Gäste ausgeflogen waren,
rezitiertest du Gedichte, und das schon seit Jahren
IA IA IA IA
Im folgenden Jahr standst du nicht mehr auf deinem Platz
deine kleine Wiese, groß wie ein Handtuchsatz
verwaist, nur noch Jagdgrund für Hund und Katze
Nachts im Traum erscheinst du mir voll Spott
ich spreche ein Gebet zu Gott
„Herr, hast Du meinen alten Esel beschützt?"
Da steht er hinter dem Zelt, mein Gebet hat genützt.

Der Löwenzahn

Am Wegesrand, jenseits der Bahn,
da wächst ein stolzer Löwenzahn.
Der Wanderer reißt die Wurzel aus
und freut sich auf den Gaumenschmaus.
Da flüstert es im Blütenmeer: „Ach,
nähmt du doch meine Schwester,
die gute alte Pusteblume
schickt Kinderchen in deine Krume."
Der Wanderer überquert die Gleise,
ins Jenseits geht die letzte Reise.

Verführung einer alten Dame

in Anlehnung an B. Brechts Gedicht
„Über die Verführung von Engeln".

Auch alte Damen kann man noch verführen
zieh den Rollator in den dunklen Hauseingang
gibt ihr den ersten Kuss nur auf die Hand
und halt sie fest, mag sie sich auch genieren.
Schau ihr schön lang in ihre grauen Augen
lach sie dabei ruhig schüchtern-neckisch an
die Wangen rot, wird ihr dabei ganz hektisch-bang
kannst ihr die Jungfernschaft vielleicht noch rauben.
Bitte sie, dass sie dich lieb beim Namen
nennt, lass sie dabei dich ruhig weiter siezen
sag ihr, sie darf dich auch ein wenig triezen
sodass dein Feuer für sie lange brennt
drum halt sie fest in deinen Armen
wird sie sich sicherlich endlich „erbarmen".

Marie der vier Herzen

Mit vierzehn lag sie nachts auf kalten Stufen
der Spielhalle, der Marsch zu Fuß war weit
Betonwände stürzten über ihrem Kopf zusammen
grauhaarige Männer, mitleidvolle Blicke,
Gleichgültigkeit

Die Reifen bremsen, der dort steht,
die Harke in der Hand
wird er mich wieder schlagen
und drängt mich an die Schuppen-Wand?
Die heiße Stelle an der Wange
sie bleibt für immer rot
die Mutter ist mal wieder fort zum Tanzen
sie wünscht ihr alles dafür und den Tod
Die Schule? Hieroglyphen mit sieben Siegeln
beim Lesen oder Schreiben lacht sie nur
berührt die blonden Haare, langen Beine
und sie weiß endlich was sie kann, auf ihrer Spur
Die Kinder springen vor dem Haus herum
sind alle von verschiedenen Vätern
eines geht nie raus, der Opa weiß warum
die Harke lehnt am Schuppen, er ist stumm
Einmal schlägt sie die Kleinste mit dem Holzpferd
die Arme sind nun grün und blau „verziert"
das viele Spielzeug, überall verteilt
„Das schreckt die Gäste ab, sie sind nicht blind"

„Vom Geld will ich was haben", schreit das Kind
Marie braucht Essen, Trinken, Zigaretten,
Kleider und hohe Pumps, ganz so wie du
Sie ist noch immer ziemlich knackig
hat Angst vor dunklen Kellern
spricht mit ihrer toten Schwester, hört ihr zu
mit Falten, tief gegerbt bis in die Seele
fehlt ihr vor allem innere Ruh
Sie geht jetzt abends oft zur Bibelstunde
und sucht den Glauben, es ist nie zu spät
verteilt heilige Schriften an den Türen
Almosen schließt sie ein in ihr Gebet
Verachtung lässt sie niemanden mehr spüren
In späteren Jahren träumt sie nur noch selten
von ihrem Ausflug in das halbseidene Milieu
Das Casino war ihre weite Welt
Kaleidoskop von Wünschen unterm Himmelszelt
sie kratzt die letzte Schicht von ihrer Seele ab
braucht keinen Mangel mehr und auch kein Geld
Im Pflegeheim singt sie mit anderen Alten
die Kirchenlieder laut und schön
sie lebt zwar immer noch von der Gemeinschaft
doch, glaubt man ihr, kommt Hilfe bald von oben
im Traum hat sie die Engel schon gesehen

Da kommt die Schöne

Ein Meter dreiundfünfzig klein und zart warst du,
mit aufregend schwarz umrandeten Augen und
einer zeitgemäßen Glatze.
Du hieltest dich im Hintergrund
und ließest deinen optischen Bilderbuchmann regieren,
doch fragten sich viele,
ob nicht du die heimliche Herrscherin warst.
Du schenktest deinem Liebsten
sechs entzückende Schreihälse.
In späteren Jahren verschwandst du
aus dem Leben der Ägypter.
Wurdest du verschleppt, getötet?
Lagst du bereits in der hinteren Grabkammer,
ohne dass jemand davon erfuhr?
Der König nahm sich neue Frauen, wie damals üblich,
aber deine Schönheit entzückt uns heute noch –
NOFRETETE!

Es lebte ein Schäfchen in DOVER,
das trug sehr gerne Pullover.
Des Nachts gegen vier
trank es Flaschenbier
und schnarchte in des Schäfers Rover.

Gruß von Korsakow

Als Dienstmagd
füttere ich dich
mit Rotwein-Schaum
und kalter Hundeschnauze.
Bin mutiert zum Monster
im Engelskostüm.
Erscheine in deinem
rot durchtränkten Gehirn
wie eine Figur
aus einem alten Comic-Heft.
Meine Orangenhaut kaschierend
unter der Alabaster-Tünche
warte ich auf dich,
du flatternde, ausgefranste Saatkrähe.
Doch heute kommst du wohl nicht.
Der rote Abdruck deines Glases
auf dem Tischtuch –
ein letzter Gruß an mich.

Die Angst vor dem weißen Blatt

Viele Schriftsteller kannten und kennen sie,
die Angst vor dem weißen Blatt.
Sie schlägt mitleidlos zu,
lässt dich nicht in Ruh.
Kaum träumst du,
fällt dein Kopf auf das Papier,
Blut mischt sich mit salzigen Füllhörnern.
Trauer über das Nichtgesagte, nicht Gemachte.
Schweiß tropft auf das zerknüllte Papier.
Du kritzelst mit spitzer Feder
aufmunternde Worte
um das seltsame Fabeltier,
und siehe da, ein Gedicht –
wie von Zauberhand.

Der Schleier lüftet sich

Rollator-Räder fahren knirschend
über den Kiesweg bis zur Bank.
Sie schaut auf ihre mit Altersflecken
bedeckten Hände.
Am Mittelfinger glänzt sein Ring,
der rote Edelstein im Herzchen weint.
Wie in einer Glaskugel sieht sie
die Umrisse seines Körpers
langsam verblassen.
Sie erinnert sich noch vage:
Seine Haut war glatt
und braun gebrannt,
mit Höhen und Tiefen –,
vertrocknete kleine Hügel
und verlandende Seen der
blühenden Haut-Landschaft.
Der Tätowierte kommt jeden Tag
und setzt sich neben sie.
Wie schön! Das Warten hat sich
wieder mal gelohnt.

Die rote Stadt

Wer wohnt in der roten Stadt?
Wer schläft unter den gewellten Dächern?
Wer sieht aus den Fenster-Augen?
Wer schreitet durch das graue Stadttor?
Wer besteigt den Turm ohne Uhrzeiger?

Warum brennt in zwei Häusern Licht?
Warum gibt es weder Bars noch Geschäfte?
Warum sind Fassaden ohne Reklame und Schrift?
Warum braucht die Stadt keine Straßen?
Warum hängt der Himmel wie ein Teppich
über den Dächern?

Die Stadt hat sich schön gemacht,
morgen träumt sie vielleicht in BLAU.

Morgens ...

Morgens geht gar nichts.
Drückendes Gefühl im Innern
meiner steinzeitlichen Höhle.
Rauschendes Gehirn lähmt die beste Pille.
Mittags: Juckbohnen schucken,
einkaufen, kochen, würgen vor Übelkeit.
Abends lauert der Fernseher in seiner Ecke.
Bonbons lutschen, Nüsse malmen,
gekrönt vom Schampus.
Nachts Drehen und Wenden wie eine Ölsardine,
mit doppeltem Kissen im Arm. Gegen die Einsamkeit.
Da hilft nur noch eins: BETEN.

Mauerblümchen

Ich wurde versehentlich
als Mauerblümchen geboren
blass, unauffällig, verkannt
meine Eltern hätten mich
in der Pubertät am liebsten
in ein Kloster verbannt
für mich interessierten sich
weder Weib noch Mann
ich fühlte mich meistens wie ein
einsamer schwarzer Schwan.
Eines Tages holte ich mir
einen alten, naseweißen Hund
er hält mich für einen Hundegott
zeigt mit gähnend seinen Schlund
anscheinend schnarchend, doch die Ohren
auf Hab-Acht
schnappt er nach Glühwürmchen,
den Mauerblümchen der Nacht.

Suche

Meine Seele fliegt dahin,
ihre Sprache braucht Begegnung
in der Schublade liegt Gedankenmüll
von Jahrzehnten –

Meine Seele ist wie ein elektrisches Klavier,
dessen Tasten spielen ohne Programm
die Melodie – vergessen

Meine Seele wird gebraucht
als Ersatzteil, von einem
der seine verlor, nun habe ich nur noch
eine in meiner Windjacke

Meine Seele fühlt sich an wie ein Glückskeks
zermalmt und ausgespuckt
zertreten wird es ein neues Samenkorn

Meine Seele springt aus ihrem Körper heraus,
steigt leuchtend auf und findet
ihren endgültigen Unterschlupf
in einer Wolke des Universums

Montagsliebe

Montags geht sie in den Zoo
besucht dort ihren Freund JoJo
Er sitzt auf seinem Aussichtsbaum
wenn er sie sieht, hüpft er zum Zaun
und schürzt die Lippen wie zum Kuss
lutscht ihre Finger mit Genuss.
Montags bleibt der Zoo meist leer
der Wärter schnarcht noch wie ein Bär.
Sie klettert heimlich übern Zaun
will ihrem Liebling ganz vertrauen
der holt derweil aus ihrem Täschchen
ein klebrig-süßes Likörfläschchen.
Nach dem Genuss von Huhn im Bräter
wird er zum wilden Sextriebtäter
er schleift sie jetzt mitsamt Rollator
die Flasche dient als Ventilator
zum Planschbecken ganz ohne Rand
verliert sie dort den festen Stand
beim Wasserfall hört man sie schreien.
„Nun komm doch endlich auch hinein."
Das macht ihn wild, das törnt ihn an,
er krault mit einem Affenzahn
umschlingt sie mit behaarten Klauen,
sie ruft: „Komm, lass uns hier abhauen!"

Das lässt er sich nicht zweimal sagen
er will sie huckepack wegtragen.
Da kommt der Wärter mit Bananen
ein Unglück scheint sich anzubahnen
bestechlich, wie der Affe ist,
wirft er sie in den Pferdemist.
Die Presse schreibt danach ganz cool:
„Erst Affenliebe, dann Rollstuhl!"
Er frisst Bananen in sich rein
Sie trauert still im Pflegeheim.
dass es die große Liebe war
ahnt man vom Zoo bis Sansibar.

Wiegenlied

Wir sind die verlassenen Teddybären
der alt gewordenen Kinder
geflickte Hosen, Holzwolle im Bein
alle Kinder schlafen nun ein.
Puppentraum im Sonntagsmieder
Weggeworfenes kehrt niemals wieder.
Man schenkte uns Rotz und Tränen
liebkoste uns mit den ersten Zähnen
alle Kinder schliefen ein
wir wollten eure treuen Beschützer sein.
Leider warf man uns oft auf den Müll
alte Kinder wurden still –
liebe Erwachsene, schlaft gut ein
mit uns seid auch ihr nie ganz allein.

Langer Traum

Gesottene Stadt, wo unter den
Eisenbahnbrücken
das ausgemergelte Leben rockt.
An die Litfaßsäule gelehnt steht er
klein, zierlich, mit Hakennase,
seine Tochter im Arm;
wahrscheinlich Italiener,
von der Stiefelspitze
träumender Zeuge,
nur die Heimat zählt.
Hinter ihm:
Vergessene unter dicken
Papierschichten
gedruckte Musik, geschriebenes
Theater, Behindertenballett.
Zugedeckt bis zum Beton-Torso;
und zuunterst:
ein gemaltes Kinderbild –
vom Schlaraffenland.

Die Autorin

Barbara Reer-Gröning wurde 1948 in Lüneburg geboren. Nach dem Abitur in Meppen studierte sie Kunst und Kunsterziehung an der WWU in Münster und der KA Düsseldorf. Anschließend arbeitete sie als Kunstzieherin an einem Gymnasium im Sauerland. Nach ihrer Frühpensionierung widmete sie sich ganz ihrer Tätigkeit als Malerin und Autorin, seit 2011 entstehen auch miteinander verbundene Gedichte/Geschichten und Bilder. Zu ihren Veröffentlichungen gehören Gedichte und Kurzgeschichten in zahlreichen Anthologien verschiedener Verlage.

Der Verlag

novum VERLAG FÜR NEUAUTOREN

> *Wer aufhört*
> *besser zu werden,*
> *hat aufgehört*
> *gut zu sein!*

Basierend auf diesem Motto ist es dem novum Verlag ein Anliegen neue Manuskripte aufzuspüren, zu veröffentlichen und deren Autoren langfristig zu fördern. Mittlerweile gilt der 1997 gegründete und mehrfach prämierte Verlag als Spezialist für Neuautoren in Deutschland, Österreich und der Schweiz.

Für jedes neue Manuskript wird innerhalb weniger Wochen eine kostenfreie, unverbindliche Lektorats-Prüfung erstellt.

Weitere Informationen zum Verlag und seinen Büchern finden Sie im Internet unter:

www.novumverlag.com